DISCOURS FUNÈBRE.

AVERTISSEMENT.

Ce petit Discours, composé à la hâte, n'était point destiné à l'impression. L'auteur n'a consenti à le rendre public qu'à la demande formelle du Consistoire, qui a cru y voir l'expression simple et vraie des sentimens dont tous les bons Français doivent être pénétrés, sur le tragique événement qui en est le sujet. C'est le cœur seul qui l'a dicté.

Imprimé au profit des Pauvres.

DISCOURS FUNÈBRE

PRONONCÉ

DANS LE TEMPLE DES PROTESTANS DE BORDEAUX,

LE 21 JANVIER 1815,

JOUR ANNIVERSAIRE DE LA MORT

DE LOUIS XVI,

PAR M. FRANÇOIS CHEYSSIERE, L'UN DES PASTEURS DE L'ÉGLISE PROTESTANTE DE BORDEAUX.

A BORDEAUX,

DE L'IMPRIMERIE DE J. PINARD,

RUE DES LAURIERS, N°. 7.

DISCOURS FUNÈBRE

PRONONCÉ

DANS LE TEMPLE DES PROTESTANS
DE BORDEAUX,

LE 21 JANVIER 1815,

JOUR ANNIVERSAIRE DE LA MORT
DE LOUIS XVI.

Ce jour, Mes Frères, est un jour de dou=
leur et de deuil, de lamentations et de larmes,
qui sera marqué en caractères de sang dans nos
annales, et ne reviendra jamais sans retracer le
plus horrible forfait et nous couvrir d'opprobre.
Que Dieu, du haut du ciel, le retranche du Job, III.
*nombre des jours, et ne l'éclaire point de sa
lumière ! Qu'une sombre nuée le couvre ! Qu'il
imprime l'horreur d'un jour de calamité !* C'est
le jour où un peuple rebelle a porté sur l'Oint
du Seigneur une main sacrilége, où des enfans
dénaturés ont égorgé leur père : car quel autre

nom pourrais=je donner au meilleur des princes et à l'œuvre d'iniquité qui l'a conduit à l'échafaud?

Le vertueux LOUIS XVI, plus fait pour l'âge d'or que pour un siècle pervers, était monté sur le trône avec cette modeste défiance de soi=même, qui sent le besoin des conseils, cette candeur qui les demande, ce discerne=ment qui les pèse, et cet amour du bien qui les met à profit. Tout donnait lieu d'attendre un règne fortuné. Loin de livrer son cœur à l'amour des plaisirs, à l'ivresse du pouvoir, aux séductions dangereuses qui assiègent le rang suprême, LOUIS XVI ne vit dans son élévation sur le premier trône du monde, qu'une tâche effrayante, qu'un compte redoutable à rendre au Roi des Rois ; il n'en sentit que les devoirs, et sa couronne, même long=temps avant qu'elle fût menacée, ne fut hélas ! pour lui, qu'*une couronne d'épines*. Il ne tarda pas à s'apercevoir des profondes plaies qu'avaient faites à l'État un siècle de malheurs, et disons=le, Mes Frères, de fautes multipliées, des vices invétérés qui le minaient sourdement, et des conséquences funestes qui en pouvaient résulter. Il en étudie les causes dans le silence de la retraite ; il épanche son cœur et ses inquiétudes royales dans le sein de ses meilleurs conseillers, et cherche la vérité du même empressement dont tant d'autres la fuient. Déjà plusieurs édits réparateurs, sous son administration paternelle, avaient suivi de près l'acte de bienfaisance qui en avait été les pré= mices. Chaque pas de LOUIS XVI imprimait sa bonté. Enfin, tourmenté du désir de soulager son peuple avec plus d'efficace, de connaître de près ses besoins et ses plaintes, ses maux et leurs remèdes ; trop bon pour se permettre aucun acte arbitraire, et ne voulant rien faire, même pour le bien de ses enfans, sans les avoir con= sultés, il provoque lui=même avec sécurité (car hélas ! se défie=t=on de ceux qu'on aime ?) la convocation de ces conseils nationaux, qui, pour prix de ce rare bienfait, le dépouillent de sa prérogative et de sa liberté, déchaînent contre lui la plus vile populace, massacrent sous ses yeux ses plus fidèles serviteurs, et, pour= suivant le cours de leurs iniquités, osent, par le plus monstrueux abus de leurs pouvoirs, s'ériger en juges de leur maître, n'ont pas de honte de supposer des crimes et de la perfidie au meilleur, au plus confiant des Princes, lui font boire goutte à goutte l'humiliation et la douleur, et s'apprêtent enfin à le livrer, comme le dernier des hommes, au glaive des bourreaux..... En vain l'exemple d'un peuple voisin, qui pleure chaque année, avec des larmes de sang, le féroce délire qui le fit attenter aux jours d'un de ses Rois, qui a même institué un mémorial de ses fureurs, un jour d'expiation et de jeûne solennel pour lui servir de leçon, ainsi qu'à tous les peuples; en vain cet exemple leur crie : Arrêtez, malheureux, vous êtes égarés, recevez instruction, respectez votre Roi !.... sa perte était jurée; *nos iniquités étaient montées à leur comble, notre heure* avait sonné, et *la puissance des ténèbres* était venue sur la France. La place de LOUIS XVI était déjà marquée dans le ciel, près de CHARLES Ier. Ici, mon cœur se refuse à retracer ce spectacle d'horreurs et d'indignités, dont ses persécuteurs voulurent l'abreuver et

avilir sa personne sacrée dans ses derniers mo-
mens. Que dis=je? son corps seul était en butte
à leurs coups. Ils ne pouvaient atteindre son
âme. Déjà elle n'était plus de ce monde, lorsqu'elle avait dicté ses dernières volontés, épan-
chement sublime, qui la peint toute entière; tout
était déjà souffert pour l'infortuné LOUIS XVI;
son martyre était consommé, lorsqu'il venait de
s'arracher aux embrassemens de sa famille et
de lui dire le dernier adieu. La fureur et la
rage demandent leur victime avec impatience;
une féroce joie, d'indécentes clameurs reten-
tissent sur son passage; pour lui, il s'en allait
avec cette majesté royale, dont on n'avait pas
pu le dépouiller, ce calme de l'innocence, qui
tant de fois avait troublé ses juges, dans l'at-
titude et la céleste sérénité d'un bienheureux
athlète, qui n'a qu'un pas à faire pour *achever
sa course*, qui *voit les cieux ouverts et la
couronne immortelle* suspendue sur sa tête. Son
dernier soupir fut, comme celui de son divin
maître, en faveur de ses bourreaux; mais il ne
lui fut pas donné de pouvoir dire comme lui,

sûr de sauver son peuple par son douloureux martyre : *Tout est accompli.* Ah plutôt ! tout est perdu ! O malheureuse France ! que vas=tu devenir ? Tu n'as plus de père. Ton génie tuté=laire a quitté cette terre maudite avec l'âme de LOUIS XVI. L'Ange exterminateur y descend pour y *verser la coupe de la colère de Dieu.* Aussitôt énivrée d'*un vin d'étourdissement,* cette coupable nation ne sait plus où elle va, ni ce qu'elle fait ; elle s'agite sans but, se débat dans les convulsions de l'anarchie et d'un délire sans exemple ; semblable à ces parricides, que les Anciens nous représentent comme livrés aux Furies, elle se déchire, se mutile de ses pro=pres mains, se roule, se baigne dans son sang, semble vouloir, à force de crimes, se distraire du plus affreux de tous, dont l'horreur la pour=suit ; enfin, lasse de ses fureurs, mais toujours impénitente, elle croit trouver le repos en livrant sans réserve, aux mains d'un étranger, la succes=sion sanglante de son Prince égorgé. Mais *il n'est point de paix pour le méchant obstiné,* a dit mon Dieu. Un homme que le Ciel semble avoir

choisi tout exprès pour achever ses vengeances,
je m'arrête............ Ah ! Mes Frères, quand
je parcours cet effroyable période , depuis la
mort du bon Roi jusqu'à l'espèce d'expiation
qui s'en est faite dans le rappel de sa famille,
ce période de vingt=deux années qui pèse sur
l'imagination comme dix siècles , et n'offre pas
d'intervalle où l'on puisse reposer son cœur, je
crois voir notre déplorable victime sortir de son
tombeau , les yeux baignés de larmes, et nous
dire avec cet accent de bonté qui lui était si
naturel : « O mon peuple ! toi que j'aimais si
» tendrement, pour qui je me sentais des en=
» trailles de père , si tu m'avais connu ! si tu
» m'avais donné ta confiance ! que de maux je
» t'aurais épargnés ! que de regrets ! que de
» larmes ! Et que voulais=je que ton bonheur ?
» Je sondais moi=même tes plaies avec une
» douloureuse inquiétude ; nul sacrifice ne me
» coûtait pour alléger ton fardeau, et je pleurais
» de joie au seul espoir d'être ton bienfaiteur
» et de guérir les maux que je n'avais point faits.
» Ah ! je l'aurais donnée de bon cœur cette vie

» que tu m'as arrachée dans ton égarement, si
» j'avais été sûr que ma mort t'eût servi ; mais
» je voyais le gouffre de sang qui allait s'ouvrir
» sur ma tombe, les mains cruelles et dévo=
» rantes dans lesquelles tu tombais : non ce
» n'est pas sur mon sort que je gémissais en
» allant au supplice, mais seulement sur le tien :
» *Filles de Jérusalem*, qui vous montrez
» sensibles à mes douleurs, *ne pleurez pas sur*
» *moi,* leur disais=je, *pleurez plutôt sur vous*
Luc, xxiii. » *et sur vos enfans ; car le temps approche*
» *où l'on dira : Heureuses les stériles et celles*
» *qui n'ont point été mères ! Heureuses les*
» *mammelles qui n'ont point allaité !* O mon
» *peuple, combien de fois ai=je voulu ras=*
» *sembler tes enfans et les réchauffer dans*
» *mon sein, comme la poule rassemble ses*
Luc, xiii. » *petits sous ses aîles ; mais vous ne l'avez*
» *point voulu. Maintenant votre demeure va*
» *être désolée ;* vous n'aurez plus de paix *jus=*
» *qu'à ce que vous disiez : Béni soit celui qui*
» *vient au nom du Seigneur !* »

Ah ! pleurons, Mes chers Frères, pleurons

amèrement ce crime irréparable. Nous l'avons expié par de sévères châtimens, par le plus pur de notre sang, mais pas encore par nos remords. Mêlons nos pleurs, confondons nos sanglots. Il ne faut pas nous le dissimuler, c'est le crime de tous. Non que j'impute à la nation toute entière la complicité réfléchie d'un si détestable forfait. A Dieu ne plaise que je fasse au meilleur des Rois l'injure de penser qu'il n'avait point d'amis dans un peuple qu'il a tant aimé lui-même ! Mais recherchez les causes qui ont préparé de loin cette sanglante catastrophe et donné dès l'entrée, à cette révolution, un caractère si odieux, des formes si cruelles. N'est-ce pas ce mépris des principes religieux qui avait gagné toutes les classes ? cette corruption de mœurs, ce libertinage d'esprit qui ne respectaient plus rien ? cette licence d'opinions, cette fureur d'innover qui ne connaissait plus de bornes ? la cupidité, l'ambition démesurée, la vanité de tous les ordres de l'État ? cette espèce de vertige, de délire et d'ivresse qui égarait toutes les têtes ? N'est-ce pas la nation toute entière qui a sappé sourdement les fondemens du trône et dressé l'échafaud du malheureux LOUIS XVI ? N'est=ce pas notre choix qui avait composé ce tribunal de sang dont il fut la vic= time ? N'est=ce pas notre vil égoïsme, notre apathique indifférence, notre lâche stupeur qui l'ont livré, sans défense, à ses cruels assassins ? Ah ! que n'a=t=il péri dans une sédition, sous les coups d'un furieux ! Il n'eût pas tant souffert et nous aurions moins à rougir ; mais une procé= dure ! un interrogatoire ! une longue captivité ! ô honte ineffaçable ! LOUIS XVI est dans les fers ! LOUIS XVI va mourir par la main d'un bourreau ! Et il ne s'élève pas de tous les points de son royaume un cri d'indignation, un frémis= sement d'horreur ! Ses fidèles sujets ne courent pas l'arracher des mains des forcenés et lui faire à l'envi un rempart de leurs corps ! Ah ! ce n'est pas sans doute l'appareil du supplice, les voci= férations d'une populace égarée, les injures grossières qu'elle vomit contre lui, qui durent navrer le plus le cœur de ce bon Roi ; mais cet affreux silence de tous les gens de bien ! cet abandon général! cette idée déchirante : je n'ai donc point d'amis; tout mon peuple me hait; il consent à ma mort ! Ah ! pleurons , Mes chers Frères, pleurons sur ses angoisses, ses mortelles douleurs; pleurons notre infamie; mais faisons mieux encore , tàchons de l'expier. La Providence elle-même nous en offre les moyens. Embrassons les genoux de cet ange de paix , de l'envoyé du Ciel qui, pour notre bonheur, a bien voulu s'asseoir sur un trône teint du sang de son frère. C'est LOUIS XVI lui même qui revient parmi nous et qui nous tend la main en signe de pardon. Ah! jurons sur sa tombe , amour , fidélité , respect , obéissance à sa vivante image !

Ombre chère et sacrée du meilleur et du plus malheureux des Rois, digne de tant d'amour et si indignement traité; toi qui as tant souffert, martyr de ta bonté, et qui occupes chez les anges ta véritable place , si les saints glorifiés ne sont point étrangers à ce qui se passe ici bas, peuvent être sensibles à ce qui s'y fait encore de louable et de pur, reçois ce tribut de nos pleurs, de nos amers regrets. Puisse cet hommage funèbre, ce concert de douleurs s'élever jusqu'à toi comme un parfum suave, et réjouir ton âme au séjour des heureux ! Ce même peuple si coupable envers toi, détestant ses forfaits, en fait expiation aujourd'hui devant le Dieu des miséricordes. Oui, grand Dieu ! *c'est contre toi, contre toi proprement que nous avons péché,* en outrageant ta plus belle image sur cette terre. *Délivre=nous,* je te prie, *de ce sang qui nous poursuit ;* ne le redemande point à nos enfans. Donne=nous la douce assurance qu'à force de repentir, tu nous pardonneras, et que cette nation, toute indigne qu'elle est, ressentira encore les effets de ta bienveillance. Ainsi soit=il !

FIN.